COMO GANHAR UMA ELEIÇÃO

O livro é a porta que se abre para a realização do homem.

Jair Lot Vieira

Quintus Tullius CICERO

COMO GANHAR UMA ELEIÇÃO

Tradução:
José Ignacio Coelho Mendes Neto

edipro

Grafia conforme o novo Acordo Ortográfico da Língua Portuguesa.

1ª edição, 2ª reimpressão 2024.

Editores: Jair Lot Vieira e Maíra Lot Vieira Micales
Coordenação editorial: Fernanda Godoy Tarcinalli
Revisão: Wânia Milanez
Capa: Heloise Gomes Basso
Adaptação de capa: Ana Luísa Regis Segala
Diagramação: Aniele de Macedo Estevo e Heloise Gomes Basso

Dados Internacionais de Catalogação na Publicação (CIP)
(Câmara Brasileira do Livro, SP, Brasil)

Cicero, Quintus Tullius.
Como ganhar uma eleição / Quintus Tullius Cicero ; tradução de José Ignacio Coelho Mendes Neto. – São Paulo : Edipro, 2013. (Clássicos Edipro)

Título original: Commentariolum petitionis.
ISBN 978-85-7283-849-8

1. Campanha eleitoral - Obras anteriores a 1800 2. Ciência política - Obras anteriores a 1800 I. Título. II. Série.

13-04314 CDD-320

Índices para catálogo sistemático:
1. Campanha eleitoral : Ciência política : 320
2. Eleições : Ciência política : 320

EDITORA AFILIADA

edipro

São Paulo: (11) 3107-7050 • Bauru: (14) 3234-4121
www.edipro.com.br • edipro@edipro.com.br
@editoraedipro @editoraedipro

SUMÁRIO

APRESENTAÇÃO

Em 64 a.C., *Cicero*, notável orador e político romano, embora não pertencente à aristocracia de onde saíam os que iriam dirigir os destinos de Roma, apresentou-se como candidato ao posto de cônsul, o cargo mais importante na cena política de Roma. Seu irmão *Quintus Tullius*, general e político, produziu um memorando que denominou *Pequeno manual sobre eleições*, com o objetivo de ajudar o candidato na campanha que se aproximava e que, como tudo parecia indicar, não iria ser nada fácil para o tribuno.

A revista *Foreign affairs* publicou recentemente trechos do memorando de *Quintus Tullius*, que, pela sua atualidade diante do quadro das eleições municipais no país inteiro, tendo como pano de fundo o julgamento do mensalão, merecem ser aqui resumidos.

Os conselhos nele contidos podem surpreender pelo cinismo e pelo pragmatismo, mas mostram que os costumes e as práticas políticas não se modificaram substancialmente desde esses remotos tempos romanos. Em mais de dois mil anos, nada ou quase nada parece ter mudado. Os políticos mais experientes pouco terão a ganhar com o manual. Os iniciantes, contudo, poderão beneficiar-se de algumas das sugestões feitas para a conquista do sufrágio e do apoio dos eleitores.

O memorando aponta as duras e cruas realidades da política, e oferece um roteiro pragmático ao candidato. Primeiro, orientando sobre como ganhar a eleição; em seguida, analisando a natureza e a força da sua base política, além da necessidade de dar atenção a grupos específicos; e, finalmente, oferecendo uma série de conselhos práticos sobre como conquistar votos.

Segundo *Quintus Tullius*, são três as coisas que podem garantir votos numa eleição: favores, esperança e relações pessoais. E segue dizendo ao irmão:

"Você deve trabalhar para dar esses incentivos às pessoas certas. Para ganhar os eleitores indecisos, você pode fazer-lhes pequenos favores. Com relação àqueles em quem você desperta a esperança – um grupo zeloso e devotado –, deve fazê-los acreditar que estará sempre ao seu lado para ajudá-los. Deixe que eles saibam que você está agradecido por sua lealdade e muito sensibilizado pelo que cada um deles está fazendo por você. Em relação aos que já o conhecem, você deve encorajá-los, adaptando a sua mensagem à circunstância de cada um e demonstrando a maior gratidão pelo apoio de seus seguidores. Para cada um desses três grupos de apoiadores, decida como eles podem ajudá-lo na campanha, e de que modo você pode pedir coisas a eles. Não deixe de dar atenção a cada um individualmente, de acordo com a sua dedicação à campanha.

Em cada vizinhança existem determinados cidadãos que exercem poder e podem ser pessoas-chave para a campanha. É necessário distinguir esses homens daqueles que parecem importantes, mas que não têm poder real. Reconhecer a diferença entre as pessoas úteis e as inúteis em qualquer organização evitará que você invista o seu tempo e recursos em pessoas que serão de pouca ajuda para você.

O candidato deve ser um camaleão, adaptando-se a cada indivíduo que ele encontra, e deve mudar sua expressão e seu discurso quando necessário.

Mantenha por perto os seus amigos. E seus inimigos mais perto ainda. Depois de identificar quais os amigos com que poderá contar, dê atenção a seus inimigos. Há três tipos de pessoas que poderão se opor aos seus interesses: aquelas a quem você contrariou, as que não gostam de você e as que são amigas próximas de seus oponentes.

Para impressionar os eleitores, dê atenção a cada um deles, sendo pessoal e generoso. Nada impressiona mais um eleitor do que o candidato não ter se esquecido dele. Por isso, faça um esforço para se lembrar de seus nomes e rostos.

Faça promessas de todo tipo. As pessoas preferem uma mentira de conveniência a uma recusa direta. Prometa qualquer coisa a qualquer um, a menos que uma clara obrigação ética o impeça de fazê-lo.

A campanha deve ser competente, digna, mas cheia de vida e de espetáculo, o que tanto atrai as massas. Também não fará mal se você os lembrar do quão desqualificados são seus oponentes, acusando-os de crimes, escândalos sexuais e corrupção em que poderão estar envolvidos.

O mais importante numa campanha é incentivar a esperança no povo e criar nele um sentimento de boa vontade em relação a você. Por outro lado, você não deve fazer promessas específicas, quer para o Senado, quer para o povo. Fique em vagas generalidades: diga ao Senado que você vai manter os privilégios e poderes que tradicionalmente tiveram; deixe a comunidade de negócios e os mais ricos saberem que você é favorável à estabilidade e à paz; assegure ao povo que você sempre esteve ao seu lado, tanto em seus discursos como na defesa de seu interesse.

Onde quer que você ande, haverá de encontrar arrogância, teimosia, malevolência, orgulho e ódio. Não se deixe desencorajar pela conversa de corrupção. Mesmo nas eleições mais corruptas há muitos eleitores que apoiam os candidatos em quem eles acreditam, sem receber em troca nenhum pagamento. É possível que seus oponentes tentem usar o suborno para ganhar o apoio dos que estão com você. Deixe que eles saibam que você estará observando atentamente as suas ações, e os ameace com processo nos tribunais. Eles ficarão com medo de sua influência no meio empresarial. Não será necessário levá-los aos tribunais com acusações de corrupção; o importante é que eles saibam que você está disposto a isso. O medo funciona melhor do que uma ação judicial. O que interessa não é o resultado da ação dos tribunais, mas sim a ameaça, por ser importante como instrumento de produção do medo e da moderação dos adversários".

Cicero foi eleito...

E assim vem caminhando a humanidade.

Rubens Barbosa
Presidente do Conselho de Comércio Exterior da Fiesp

INTRODUÇÃO

Prometa tudo para todos. Esse conselho talvez dê uma ideia inicial do que o leitor encontrará nas páginas que se seguem. Com a intenção de aconselhar, *Quintus Tullius Cicero* (Quinto Túlio Cícero) envia um panfleto, chamado em latim de *Commentariolum petitionis*, sob a forma de carta, ao seu irmão *Marcus Tullius Cicero* (Marco Túlio Cícero) com práticos apontamentos sobre como deveria ser sua campanha para cônsul da República Romana para que ela tivesse sucesso. Mais prático que o irmão, *Quin-*

tus percebia que a política romana não era perfeita: poder e corrupção andavam de braços dados, e todos os setores do Senado precisavam ser conquistados naquela campanha.

O cargo de cônsul romano era um dos mais cobiçados no mundo antigo. Tão grande era a sua importância que seus ocupantes foram protagonistas, de forma direta ou indireta, dos rumos que a História tomou. Muitos foram os biografados, outros tantos, objeto de estudos; porém, este pequeno panfleto, escrito por *Quintus*, que o leitor tem nas mãos pouco foi estudado.

No ano de 64 a. C., *Marcus Tullius Cicero* iria disputar as eleições para cônsul. Ele havia recebido uma excelente educação desde a mais tenra idade, tinha facilidade para falar em público e impressionava pelas suas brilhantes ideias, sendo considerado um dos homens mais notáveis da Roma Antiga. Era também profundo conhecedor da filosofia grega, advogado de sucesso e aclamado orador. Não tinha ascendência nobre, pois havia nascido em Arpino, ao sul de Roma. Por conta de sua carreira como advogado defendendo romanos eminentes, gozava de alta reputação na sociedade. Sua campanha, porém, esbarrava na ideia – então vigente na sociedade romana – de que homens como ele eram inaptos a exercer poderes e domínio sobre milhares de pessoas.

Cicero concorria com nobres romanos que não tinham boa popularidade. Do rol de candidatos, dois se destacavam, *Antonius* e *Catilina*, os quais causavam tanta repulsa nos nobres que muitos deles acabaram preferindo apoiar *Cicero*.

Para ser candidato a cônsul, um aspirante ao cargo, depois do serviço militar obrigatório, precisava ser escolhido como questor, responsável por administrar o tesouro, entre outras tarefas, após o quê seria responsável por cuidar dos tribunais com o título de *pretor*. Se, depois de tais experiências, não fosse enviado para governar uma província, poderia pleitear o cargo máximo. Apesar da cobiça em relação a tal posição, que confiaria ao vencedor e seus descendentes o título de *nobre*, poucos escolhiam entrar na disputa. Ao se candidatar, *Cicero* já havia prestado o serviço militar e passado por todos os cargos exigidos.

O sistema eleitoral romano era bastante complicado, bem diferente da democracia grega, onde um homem era igual a um voto. Em Roma o voto de cada pessoa escolhia em quem o grupo do qual ele fazia parte votaria, e esse grupo tinha um voto na assembleia. O primeiro candidato a atingir a maioria dos votos, segundo o sistema, seria o vencedor; e o segundo, o cônsul júnior.

Este pequeno manual prático que bem serviu a *Cicero* (uma vez que ele foi vencedor na eleição), pode ser útil a qualquer candidato contemporâneo, permitindo-lhe analisar e elencar os conselhos que possam ser usados para nortear a campanha. Serve também para ilustrar como se fazia política em Roma, a qual se revelou bem pouco ética por conta das relações um tanto quanto corruptas esta belecidas na sociedade romana. Mas também serve para que o leitor, ao se deparar com uma eleição, consiga identificar os traços do pragmatismo de *Quintus* existentes nos candidatos contemporâneos.

COMO GANHAR UMA ELEIÇÃO

Ao meu irmão *Marcus*,

1

Embora você já possua todos os talentos que um homem pode adquirir por meio da capacidade natural, experiência e trabalho árduo, eu gostaria, por conta do afeto que temos um pelo outro, de compartilhar com você o que tenho pensado dia e noite a respeito da sua campanha que se aproxima. Não que você precise dos meus conselhos, mas esses assuntos podem parecer tão caóticos que às vezes é melhor expor as coisas num mesmo lugar e em ordem lógica.

2

Lembre-se sempre da espécie de cidade que é esta, do cargo que você almeja e de quem você é. Todo dia, quando você descer ao Fórum, deve dizer para si mesmo: "Eu sou um forasteiro. Eu quero ser cônsul. Isto é Roma".

Qualquer crítica à sua condição de forasteiro será fortemente atenuada pelo seu conhecido talento de orador, pois a oratória sempre foi altamente estimada. Afinal, qualquer um que é bom o bastante para defender ex-cônsules em juízo deveria merecer ser cônsul também. Visto que você é um excelente comunicador, e como sua reputação foi construída baseada nesse fato, cada ocasião de falar em público deverá ser abordada como se todo o seu futuro dependesse desse único evento.

3

É crucial que você faça um balanço das muitas vantagens que possui – leia o que *Demetrius* escreveu sobre o estudo e a prática de *Demosthenis*. Lembre-se de que poucos forasteiros têm a quantidade e variedade de partidários que você tem. Todos aqueles que detêm contratos públicos estão do seu lado, assim como a maior parte da comunidade de negócios. As cidades italianas também o apoiam. Não se esqueça de todas as pessoas que você defendeu em juízo com sucesso, clientes oriundos de uma ampla variedade de meios sociais. E, claro, lembre-se dos grupos de interesse especial que lhe são favoráveis. Enfim, faça bom uso dos jovens que o admiram e que querem aprender com sua experiência, além de todos os amigos fiéis que estão diariamente ao seu lado.

4

Trabalhe para conservar a boa vontade desses grupos dando-lhes conselhos úteis e pedindo-lhes em troca a opinião deles. Agora é a hora de cobrar todo tipo de favor. Não perca nenhuma oportunidade de lembrar a todos que lhe devem algo que eles precisam retribuir apoiando você. Àqueles que não lhe devem nada, faça-os saber que a ajuda deles no momento certo fará com que você lhes deva algo. E, claro, uma coisa que pode ajudar muito um forasteiro é a aprovação da nobreza, especialmente aqueles que já foram cônsules. É essencial que esses homens cuja companhia você almeja conquistar pensem que você é digno deles.

5

É preciso cultivar com diligência as relações com tais homens privilegiados. Tanto você como seus amigos devem trabalhar para convencê-los da sua característica tradicionalista. Nunca os deixe pensar que você é um populista. Diga a eles que, se você parece tomar o partido do comum do povo numa questão qualquer, é porque urge ganhar a adesão de Pompeu para que ele use sua grande influência a seu favor, ou pelo menos não contra você.

6

Faça todos os esforços para atrair rapazes de famílias nobres para o seu campo e conservá-los nele. Eles podem contribuir muito para a sua campanha transmitindo uma boa imagem de sua pessoa. Você já tem muitos partidários entre esse grupo, portanto certifique-se de que eles sabem o quanto são estimados. Se você conseguir atrair um número ainda maior para a sua causa, melhor.

7

Outro fator que pode ajudar a compensar a sua condição de forasteiro é a baixa qualidade dos homens da nobreza que estão competindo com você. Ninguém poderia dizer com razão que o nascimento privilegiado que tiveram os torna mais qualificados para serem cônsules do que os talentos naturais que você tem. Quem acreditaria que homens tão patéticos como *Publius Galba* e *Lucius Cassius* se candidatariam ao cargo mais alto da nação, mesmo vindo das melhores famílias? Você pode ver claramente que até os da mais alta extração não são páreo para você porque lhes falta determinação.

8

Mas, você diria, e os outros candidatos, *Antonius* e *Catilina*? Não são adversários perigosos? Sim, certamente, mas não para alguém como você, que é dinâmico, trabalhador, livre de escândalos, eloquente e popular junto aos detentores do poder. Você deveria agradecer por concorrer com homens como esses dois. São sicários desde meninos e até hoje ainda são estroinas e pervertidos. Veja *Antonius*, que teve sua propriedade confiscada por dívidas e depois declarou sob juramento em Roma que não poderia competir em julgamento justo contra um grego. Lembra-se de como ele foi expulso do Senado após uma investigação atenta dos censores? E não se esqueça de que, quando ele se candidatou a pretor, só conseguiu granjear o apoio de *Sabidius* e *Panthera*. Em seguida, após ter sido eleito pretor, desgraçou-se descendo ao mercado e comprando abertamente uma menina para mantê-la em casa como escrava sexual. Finalmente, quem poderia se esquecer de que, da última vez que ele lançou seu nome para cônsul, ele foi ao exterior e assaltou estalajadeiros, em vez de ficar aqui em Roma cara a cara com os eleitores?

9

Quanto a *Catilina*, pelos deuses, qual é o seu motivo de glória? Seu sangue não é melhor que o de *Antonius*, mas admito que ele tem mais coragem. Ele não tem medo de nada, muito menos da lei, enquanto *Antonius* treme diante da própria sombra. *Catilina* nasceu numa família pobre, foi criado na depravação com a própria irmã e derramou sangue pela primeira vez matando cidadãos e homens de negócios romanos como capanga de *Sulla*. Você se lembra que ele foi encarregado dos esquadrões da morte gauleses que cortaram as cabeças dos *Titinii*, *Nannii* e *Tanusii*. Ele até assassinou seu próprio cunhado, *Quintus Caecilius*, um sujeito excelente e um bom homem de negócios, romano que não ligava nem um pouco para a política.

10

Catilina, o seu principal adversário nesta eleição, pegou um porrete e espancou o pobre *Marcus Marius*, um homem muito popular junto ao povo romano. Diante dos olhos de todos, o facínora perseguiu *Marius* pelas ruas até um túmulo, onde ele o torturou com todo tipo de crueldade. Depois, ele pegou-o pelo cabelo, ainda vivo, com sua mão esquerda e decapitou-o com a direita, e levou embora a cabeça com o sangue pingando entre os dedos. Posteriormente, *Catilina* foi amigo de atores – já pensou? –

e gladiadores. Ele viveu uma vida de devassidão com o primeiro grupo e usou os membros do segundo como jagunços em todos os seus crimes. Ele nunca perdeu uma chance de profanar um santuário, mesmo quando seus comparsas se recusavam a aviltar-se tanto. Ele fez amizade com os piores tipos – *Curius* e *Annius* no Senado, *Sapalas* e *Carvilius* nas casas de leilão, *Pompilius* e *Vettius* entre os homens de negócios. Ele foi tão descarado, tão perverso, tão habilidoso na sua licenciosidade que molestava meninos quase no colo dos pais. Será que preciso lembrá-lo do que ele fez na África? Está tudo registrado nos autos de acusação, que aliás você deveria parar para ler com atenção. Não posso deixar de mencionar que ele se livrou de seus processos por meio de propinas tão pesadas que, muitas vezes, saiu dos tribunais tão pobre quanto haviam sido os juízes até então. Praticamente todo dia há uma nova convocação para levá-lo à Justiça. Ele é tão imprevisível que os homens têm mais medo dele quando não está fazendo nada do que quando está armando confusão.

11

Você tem muito mais chance de ser eleito cônsul do que aquele outro forasteiro, *Gaius Coelius*, que teve, trinta anos atrás, dois rivais muito diferentes dos que você tem hoje. Esses eram homens da mais alta distinção pelo nascimento e suas outras qualidades eram ainda mais excepcionais. Eles possuíam a maior integridade e inteligência, a modéstia mais cativante, e tinham realizado muitos feitos notáveis para Roma. Ambos conduziram suas campanhas com extrema habilidade e cuidado. Mesmo assim, *Coelius* venceu um deles e obteve o consulado, embora fosse muito inferior a eles por nascimento e não fosse superior a eles em nenhum aspecto notável.

12

Portanto, se você fizer uso dos seus dons naturais e usar tudo o que aprendeu na vida e se não cometer erros, não será difícil para você vencer *Antonius* e *Catilina* – homens que se distinguem mais pelos seus crimes do que pelo nascimento privilegiado. Quem conseguiria encontrar um cidadão tão desprezível a ponto de, com um só voto, golpear a república com essas duas adagas?

13

Como já falei das suas capacidades e de como você pode superar o fato de que é um forasteiro, quero falar dos detalhes de como deve gerir sua campanha. Você quer ser cônsul e todos concordam que é capacitado para o cargo, mas há muitas pessoas que o invejam. Você não faz parte da nobreza, mas almeja o cargo mais alto da nação. Ocupar esse posto conferir-lhe-ia uma tremenda distinção, especialmente porque você é corajoso, eloquente e livre de escândalos, ao contrário de tantos outros. Aqueles que ocuparam o cargo antes conhecem muito bem a glória que o fato de ser cônsul lhes traria. Aqueles cujos antepassados foram cônsules mas que ainda não o foram terão inveja, a menos que já sejam muito bons amigos seus. Quanto aos forasteiros que chegaram ao cargo de pretor antes de você mas não obtiveram o consulado, terão uma inveja mortal, salvo os que têm uma dívida enorme com você.

14

Sei muito bem que há muitos outros que o desprezam. Devido à turbulência dos anos recentes, muitos eleitores não querem arriscar eleger um forasteiro. Também há aqueles que estão zangados com você por causa dos clientes que você defendeu em juízo. E examine bem de perto os supostos amigos seus que podem estar furiosos em segredo por você ter apoiado Pompeu com tanto zelo.

15

Para ser bem sincero, já que você almeja o posto mais importante de Roma e já que tem tantos inimigos potenciais, você não poderá se permitir nenhum erro: precisará conduzir uma campanha impecável, com a maior preparação, esmero e cuidado.

16

Candidatar-se a um cargo público pode dividir-se em dois tipos de atividade: obter o apoio dos seus amigos e conquistar o público em geral. Você atrai a boa vontade dos amigos por meio de gentileza, favores, antigos contatos, disponibilidade e encanto natural. Porém, numa eleição, você precisa pensar na amizade em termos mais amplos do que no dia a dia. Para um candidato, amigo é qualquer um que demonstre boa vontade para com ele ou procure a sua companhia. Mas não despreze os que são seus amigos no sentido tradicional de laços familiares ou contatos sociais. Esses você precisa continuar a cultivar com dedicação.

17

Não ignore sua família e todos os que são próximos de você. Assegure-se de que todos o apoiam e querem seu sucesso. Isso inclui sua tribo, seus vizinhos, seus clientes, seus antigos escravos e até seus criados. Pois quase todo rumor destruidor que chega até o público começa entre a família e os amigos.

18

Você precisa trabalhar com afinco para obter partidários de um amplo espectro de origens sociais. Os mais importantes são os homens de reputação ilibada, pois mesmo que não o apoiem ativamente eles lhe emprestarão dignidade por mera associação. Trabalhe para cativar ex-magistrados, incluindo os que foram cônsules, mas também tribunos do povo, pois isso fará com que você pareça digno de ocupar um alto cargo. Faça amizades com qualquer homem que tenha muita influência entre as centúrias e tribos, e depois trabalhe para mantê-lo do seu lado. Em anos recentes, homens ambiciosos esforçaram-se para ganhar influência sobre seus colegas de tribo; então faça tudo o que for necessário para que eles o apoiem com sinceridade e entusiasmo.

19

Se as pessoas forem gratas o bastante a você, como tenho certeza que são, tudo vai se encaixar. Nos últimos dois anos você atuou com diligência para obter o apoio de quatro organizações fundamentais, lideradas por *Gaius Fundanius*, *Quintus Gallius*, *Gaius Cornelius* e *Gaius Orcivius* – todos eles homens da maior importância para o sucesso da sua campanha. Conheço os acordos que esses quatro fizeram com você para representar seus interesses, pois eu estava presente nesses encontros. Então agora é a hora de cobrar as obrigações deles para com você através de pedidos, garantias, incentivos e admoestações frequentes. Mais uma vez, diga a eles que esta é a oportunidade de pagarem suas dívidas políticas com você se eles quiserem que você tenha uma opinião favorável sobre eles no futuro.

20

Recorde-se também daqueles homens que lhe devem favores porque você defendeu seus interesses em juízo com sucesso. Deixe claro para cada devedor exatamente o que você espera dele. Lembre-os de que você nunca pediu nada a eles antes, mas que agora é a hora de retribuir o que lhe devem.

21

Há três coisas que garantem votos numa eleição: favores, esperança e ligação pessoal. Você precisa se esforçar para dar esses incentivos às pessoas certas.

Você pode conquistar eleitores indecisos para a sua causa fazendo-lhes favores, ainda que sejam pequenos. Isso vale ainda mais para todos aqueles que você já ajudou muito. Você precisa fazê-los entender que, se eles não o apoiarem agora, perderão toda credibilidade pública. Vá encontrá-los pessoalmente e faça-os saber que, se eles o apoiarem nesta eleição, você lhes deverá um favor.

22

Quanto ao grupo zeloso e dedicado daqueles em quem foi instilada a esperança, você precisa fazê-los acreditar que sempre estará presente para ajudá-los. Faça-os saber que você é grato pela sua lealdade e que está vivamente consciente do que cada um deles está fazendo por você.

23

A terceira classe de partidários é formada por aqueles que demonstram boa vontade por causa de uma ligação pessoal que eles creem ter criado com você. Incentive isso adaptando sua mensagem para adequar-se às circunstâncias específicas de cada um e mostrando em troca uma abundância de boa vontade para com eles. Mostre-lhes que, quanto mais trabalharem pela sua eleição, mais íntimo será o vínculo entre vocês.

Para cada um desses três grupos de partidários, decida como podem ajudá-lo na sua campanha e dê a respectiva atenção a cada um, examinando também o quanto você pode exigir deles.

24

Há certos homens-chave em cada bairro e cidade que exercem o poder. São pessoas industriosas e abastadas que, apesar de não terem apoiado você anteriormente, podem ser convencidas a apoiá-lo se sentirem que lhe devem algo ou o considerarem útil. Quando você cultivar relações com tais pessoas, certifique-se de que elas percebam que você sabe o que pode esperar delas, que você reconhece o que fizeram por você e que se lembrará do empenho demonstrado em seu favor. Mas assegure-

-se de distinguir esses homens dos que parecem importantes mas que não têm nenhum poder genuíno e podem até ser impopulares em seu próprio grupo. Reconhecer a diferença entre os homens úteis e inúteis em qualquer organização o poupará de investir seu tempo e recursos em pessoas que lhe serão de pouca valia.

25

Embora as amizades já estabelecidas e confirmadas sejam de grande ajuda e reforcem suas chances de ganhar o consulado, as amizades que você fizer durante a campanha também podem ser muito úteis. Candidatar-se a um cargo público, por mais desgastante que seja, tem a vantagem de permitir que se encontrem muitos tipos diferentes de pessoas com que você normalmente não conviveria no seu cotidiano. Isso é perfeitamente respeitável durante uma campanha – na verdade, você seria considerado um trouxa se não tirasse proveito disso –, de forma que você pode cultivar com ânimo e sem vergonha amizades com indivíduos com quem nenhuma pessoa decente falaria.

26

Eu lhe garanto que não existe ninguém, exceto talvez partidários ardorosos dos seus adversários, que não possa ser trazido para o seu lado com trabalho árduo e favores apropriados. Mas isso só funcionará se a pessoa perceber que você valoriza o apoio dela, que você é sincero, que você pode fazer algo por ela e que essa relação se estenderá para além do dia da eleição.

27

Acredite: ninguém com um mínimo de cérebro abrirá mão da oportunidade de travar amizade com você, especialmente porque seus concorrentes são do tipo que ninguém gostaria de ter como amigo. Os seus adversários não poderiam nem começar a dar ouvidos aos conselhos que estou lhe dando, muito menos segui-los.

28

Veja o caso de *Antonius*. Como esse homem vai conseguir criar amizades se ele não consegue se lembrar do nome de ninguém? Existe algo mais tolo para um candidato que achar que uma pessoa que ele não conhece o apoiará? Seria preciso um milagre de capacidade, renome e realizações para conquistar eleitores sem tomar o tempo de falar com eles. Um patife preguiçoso, que se recusa a trabalhar para atrair partidários, que carece de inteligência, que possui má reputação e que não tem amigos não pode, de modo algum, vencer um homem apoiado por muitos e admirado por todos, a não ser que algo saia terrivelmente errado.

29

Portanto, trabalhe para obter o apoio de todos os eleitores fazendo amigos de diversos tipos. Isso inclui senadores, é claro, assim como homens de negócios romanos e homens importantes de todas as classes. Há muitas pessoas influentes nesta cidade além dos numerosos escravos libertos que frequentam o Fórum. Faça o máximo que puder, seja pessoalmente ou através dos seus amigos, para chamá-los para a sua causa. Converse com eles, envie seus aliados, e mobilize tudo que for possível para lhes mostrar que eles importam para você.

30

Depois disso, volte sua atenção para os grupos de interesse especial, as organizações de bairro e os distritos periféricos. Se você fizer amizade com as lideranças de cada um desses lugares, o resto seguirá. Volte então seus esforços e pensamentos para as cidades da Itália, para que você saiba que cada uma delas pertence a uma tribo. Assegure-se de ter uma base em cada colônia, vila e fazenda da Itália.

31

Procure em cada lugar homens que o representarão como se eles mesmos estivessem concorrendo ao cargo. Visite-os, converse com eles, conheça-os. Reforce a lealdade deles para com você da maneira que funcionar melhor, usando a linguagem que eles compreendem. Eles vão querer ser seus amigos se virem que você quer ser amigo deles. Habitantes de pequenas cidades e da área rural vão querer ser seus amigos se você se der ao trabalho de aprender seus nomes. Mas eles não são tontos: só o apoiarão se acreditarem que têm algo a ganhar. Se for o caso, não perderão uma chance de ajudá-lo. Outros, especialmente seus adversários, não se darão ao trabalho de desenvolver amizades com esse tipo de gente; portanto, se você se dedicar a isso, eles poderão ser ainda mais valiosos para você como amigos e aliados.

32

Porém, com toda classe de pessoas não basta simplesmente chamá-las pelo nome e desenvolver uma amizade superficial. Você precisa realmente ser amigo delas. Quando acreditarem que você o é, os líderes de qualquer organização convocarão seus membros para trabalhar duro por você, pois saberão que apoiar você naturalmente os beneficiará também. Assim, quando todos os seus partidários das cidades, bairros, tribos e diversos grupos estiverem trabalhando juntos em seu favor, você poderá ter realmente muita esperança.

33

Você precisa dar atenção especial às centúrias que representam os homens de negócios e os cidadãos moderadamente prósperos. Conheça os principais membros desses grupos, o que não deve ser difícil porque não são muito numerosos. A maioria deles é formada por jovens, os quais certamente devem ser mais fáceis de cativar do que aqueles já fixados nos seus modos. Faça isso e você terá a fina flor de Roma do seu lado. Esse esforço será grandemente auxiliado pelo fato de que você é um deles, contanto que você trabalhe para garantir esse bloco de eleitores fazendo amizade com seus líderes e servindo os interesses do grupo como um todo. Ajudará imensamente a sua campanha ter o entusiasmo e a energia dos jovens do seu lado para angariar eleitores, conquistar partidários, espalhar notícias e lhe dar uma boa imagem.

34

Já que toquei no assunto dos seguidores, deixe-me dizer também que você precisa ter uma ampla variedade de pessoas em seu entorno diariamente. Os eleitores o julgarão com base no tipo de turma que você atrai, tanto em qualidade quanto em quantidade. Os três tipos de seguidores são os que o cumprimentam em casa, os que o acompanham ao Fórum e os que o acompanham onde quer que você vá.

35

Quanto ao primeiro tipo, são os menos confiáveis, pois muitos farão visitas domiciliares a mais de um candidato. Não obstante, deixe claro para eles que você está contente em recebê-los. Mencione sua gratidão pela visita deles sempre que os encontrar e diga aos amigos dessas pessoas que também notou sua presença, pois os amigos lhes repetirão as suas palavras. Mesmo se eles visitarem diversos candidatos, você pode atraí-los para o seu campo como partidários fiéis dando-lhes uma consideração especial.

Se você ouvir dizer ou suspeitar que um dos seus visitantes não é tão fiel quanto parece no seu apoio a você, finja que não sabe. Se ele tentar explicar que as acusações são falsas, assegure-lhe que você nunca duvidou da sua lealdade e certamente não o fará no futuro. Fazendo-o acreditar que você confia nele como amigo, você aumenta as chances de que ele realmente o seja. Ainda assim, não seja ingênuo de aceitar toda profissão de boa vontade que você ouvir.

36

Àqueles que o acompanham ao Fórum, faça-os saber que você aprecia isso ainda mais do que as visitas que eles fazem à sua casa toda manhã. Tente ir para lá na mesma hora todo dia para que você tenha um grupo grande seguindo-o. Isso vai impressionar muito a todos.

37

Para o resto que acompanha você durante o dia, assegure-se de que os que vêm por vontade própria saibam o quanto você é grato pela sua companhia. Para aqueles que o seguem por obrigação, insista que venham todo dia, a menos que sejam velhos demais ou tenham compromissos importantes. Se não puderem vir, peça que mandem um parente no seu lugar. É essencial que você tenha um grupo grande de seguidores dedicados com você a cada momento.

38

Uma parte desse grupo ligado a você por obrigação será composta por aqueles que você defendeu com sucesso em processos. Esses homens lhe devem a preservação da sua propriedade, sua reputação e, em alguns casos, suas vidas; então não se acanhe de exigir que eles se apresentem ao seu lado. Não haverá outra oportunidade como esta; então é bom mesmo que eles paguem sua dívida com você com suas presenças.

39

Já que tenho escrito tanto sobre o tema da amizade, acho que agora é a hora de fazer uma advertência. A política é cheia de engodo, trapaça e traição. Não vou começar uma discussão maçante sobre como distinguir os verdadeiros amigos dos falsos, mas quero lhe dar alguns conselhos básicos. No passado, sua boa índole levou alguns homens a fingirem amizade quando na verdade tinham inveja de você: por isso mesmo, lembre-se das sábias palavras de *Epicharmus*: "Não confie muito facilmente nas pessoas".

40

Quando você tiver descoberto quem são seus verdadeiros amigos, pare para pensar um pouco nos seus inimigos também. Há três tipos de pessoas que se oporão a você: os que você prejudicou, os que desgostam de você sem nenhum motivo específico e os que são amigos íntimos dos seus adversários. Com aqueles que você prejudicou defendendo um amigo contra eles, seja educado e conciliador, lembrando-lhes que você estava apenas defendendo alguém com quem você tinha uma forte ligação e que você faria o mesmo para eles se fossem seus amigos. Quanto àqueles que desgostam de você sem motivo, tente conquistá-los sendo gentil com eles ou fazendo um favor para eles, ou mostrando que se preocupa com eles. Quanto ao último grupo, dos amigos dos seus rivais, você pode usar as mesmas técnicas, provando sua benevolência até para com aqueles que são seus inimigos.

41

Já disse o bastante sobre o desenvolvimento de amizades políticas, então agora vou me concentrar em como impressionar os eleitores em geral. Isso se faz conhecendo as pessoas, sendo afável e generoso, promovendo você mesmo, sendo disponível e nunca desistindo.

42

Primeiro, nada impressiona mais o eleitor médio que o fato de constatar que o candidato se lembra dele; portanto, trabalhe todos os dias no sentido de se recordar de nomes e rostos.

Veja, meu irmão, você tem muitas qualidades maravilhosas, mas precisa adquirir as que lhe faltam de maneira a parecer que elas lhe são inatas. Você tem excelentes modos e é sempre cortês, mas às vezes é um pouco travado. Portanto, precisa desesperadamente aprender a arte da bajulação – um negócio detestável na vida normal, mas essencial quando se é candidato a um cargo público. Usar a bajulação para corromper um homem é indesculpável, mas usar a insinuação como forma de fazer amizades políticas é aceitável, pois um candidato deve ser um camaleão, que se adapta a cada pessoa que encontra, mudando sua expressão e discurso conforme necessário.

43

Não saia de Roma! Ser assíduo significa ficar no lugar e é isso que você tem que fazer. Não há tempo para descanso durante uma campanha. Marque presença na cidade e no Fórum, conversando constantemente com os eleitores, depois falando de novo com eles no dia seguinte e no próximo. Nunca deixe ninguém poder dizer que não recebeu sua atenção sincera e reiterada durante a campanha.

44

A generosidade também é requisito para um candidato, mesmo se ela não afeta a maioria dos eleitores diretamente. As pessoas gostam de ouvir dizer que você é bom para os seus amigos em eventos como banquetes; por conseguinte, assegure-se de que você e seus aliados os organizem com frequência para os líderes de cada tribo. Outra maneira de mostrar que você é generoso é estar disponível dia e noite para aqueles que precisam de você. Deixe as portas da sua casa abertas, claro, mas também abra seu rosto e sua expressão, pois eles são a janela da alma. Se você parecer fechado e distraído enquanto as pessoas falam com você, não importará que seus portões nunca estejam trancados. As pessoas não querem apenas promessas de um candidato, mas querem que elas sejam cumpridas de modo comprometido e generoso.

45

Assim, tudo o que você fizer deverá ser feito livremente e com entusiasmo. Mas às vezes você precisará fazer algo mais difícil, sobretudo para um homem da sua boa índole, que é dizer ***não*** com cortesia quando alguém lhe pedir para fazer algo por ele. A outra opção é sempre dizer ***sim*** – uma trilha seguida frequentemente por candidatos políticos. Mas quando alguém lhe pedir para fazer algo impossível, como tomar partido contra um amigo, será necessário, evidentemente, recusar como questão de honra, explicando seu compromisso com seu amigo, exprimindo seu pesar em rejeitar o pedido e prometendo que você o compensará de outras formas.

46

Mas dizer ***não*** é somente para tais casos extremos. Uma vez ouvi falar de um homem que pediu a vários advogados que cuidassem do seu caso, mas ficou mais contente com as palavras gentis do que recusou do que com aqueles que concordaram em representá-lo. Isso mostra que as pessoas são mais levadas pelas aparências do que pela realidade, embora eu esteja consciente que esse caminho é difícil para alguém como você que é seguidor do filósofo Platão. Ainda assim, estou lhe dizendo o que você precisa ouvir por ser candidato a um cargo público. Se você rechaçar um homem inventando alguma história sobre compromisso pessoal com um amigo, ele poderá ir embora sem ficar zangado com você. Mas se você disser apenas que está muito ocupado ou tem coisas mais importantes para fazer, ele vai odiar você. As pessoas preferem receber uma mentira polida que uma recusa direta.

47

Lembre-se de *Cotta*, um mestre em campanhas, que dizia que prometeria tudo a todos, a menos que uma obrigação clara o impedisse, mas só cumpriu aquelas promessas que o beneficiavam. Era raro ele dizer ***não*** a alguém, pois ele dizia que, muitas vezes, a pessoa a quem ele fazia a promessa acabaria não precisando dele ou que ele mesmo viria a ter mais tempo disponível do que pensava para ajudar. Afinal, se um político só fizesse promessas que estivesse certo de poder cumprir, ele não teria muitos amigos. Sempre acontecem fatos que você não esperava, ou não acontecem os que você esperava. As promessas não cumpridas perdem-se muitas vezes numa nuvem de circunstâncias cambiantes, de modo que o ressentimento contra você será mínimo.

48

Se você quebrar uma promessa, o resultado será incerto; e o número de pessoas afetado, pequeno. Mas se você se recusar a fazer uma promessa, o resultado é certo e gera rancor imediato num grande número de eleitores. A maioria dos que pedem sua ajuda nunca vão realmente precisar dela. Por isso, é melhor que algumas pessoas no Fórum fiquem desapontadas quando você as decepcionar do que ter uma multidão irada na frente da sua casa quando você se recusar a prometer o que eles querem.

As pessoas, por sua própria natureza, ficam muito mais bravas com um homem que as rechaçou de imediato do que com alguém que não cumpriu sua obrigação alegando que adoraria ajudá-las se pudesse.

49

Não pense que me afastei do assunto ao discutir promessas no quesito *conquistar as massas*, pois isso se refere tanto à sua reputação junto ao eleitorado mais amplo como ao apoio dos amigos. Este último grupo exige de você respostas gentis e atenção dedicada quando houver necessidade, mas agora estou falando do público em geral. É preciso trazer esses eleitores para o seu campo para a fim de encher sua casa de partidários toda manhã, atrelá-los à sua causa prometendo a sua proteção e mandá-los embora ainda mais inflamados pelos objetivos a serem alcançados do que quando chegaram, de forma que mais e mais pessoas ouçam falar bem de você.

50

Você deve pensar constantemente em publicidade. Venho falando disso ao longo de toda esta carta, mas é vital que você use todos os seus recursos para espalhar a notícia da sua campanha ao público mais amplo possível. Seu talento de orador é crucial, assim como o apoio da comunidade de negócios e daqueles que executam contratos públicos. Preciso falar de novo da aprovação da nobreza, dos jovens brilhantes, dos que você defendeu em juízo e dos líderes das cidades italianas? Ter esses grupos do seu lado fará o povo pensar que você tem bons contatos, muitos amigos importantes, que é um candidato trabalhador e uma pessoa afável e generosa. Isso encherá a sua casa de partidários de todo tipo antes do alvorecer. A eles deverá ser dito o que for necessário para agradá-los, na sua labuta incessante para ganhar os votos de todos. Trabalhe duro para fazer isso e você conquistará pessoalmente muitos entre o povo, em vez de apenas deixá-los ouvir falar bem de você sua pessoa por meio de amigos.

51

Você já tem o apoio do povo romano e dos que o influenciam graças ao seu elogio a Pompeu e à defesa de seus homens, Manilius e Cornélio. Agora será preciso fazer o que ninguém fez antes, acrescentando à sua base popular o apoio da nobreza. Mas nunca deixe de fazer lembrar ao povo que você obteve as graças do seu herói Pompeu e que ele ficaria muito feliz se você fosse cônsul.

52

Finalmente, no que tange às massas romanas, certifique-se de montar um bom espetáculo. Solene, sim, mas cheio do colorido e do espalhafato que tanto agrada às multidões. Tampouco seria ruim fazê-las recordar que tipo de pilantras são seus inimigos e difamar esses homens em toda oportunidade por meio dos crimes, escândalos sexuais e corrupção que atraíram sobre si.

53

A parte mais importante da sua campanha é levar esperança às pessoas e um sentimento de boa vontade com relação a você. Por outro lado, você não deve fazer juramentos específicos nem ao Senado nem ao povo. Atenha-se a generalidades vagas. Diga ao Senado que você manterá seu poder e privilégios tradicionais. Faça a comunidade de negócios e os cidadãos abastados saberem que você é a favor da estabilidade e da paz. Assegure à população que você sempre esteve do lado dela, tanto ao discursar quanto ao defender os interesses dela em juízo.

54

Todas essas coisas me ocorreram acerca das duas primeiras meditações matinais que eu lhe sugeri para quando você descer ao Fórum: "Eu sou um forasteiro. Eu quero ser cônsul". Agora deixe-me abordar brevemente a terceira: "Isto é Roma", cidade formada da mescla de pessoas de todas as origens, um lugar de ardis, conjuras e vícios de toda espécie imaginável. Para qualquer lado que você olhe, você verá arrogância, contumácia, malevolência, orgulho e ódio. No meio desse turbilhão de males, é mister ser um homem notável, com juízo sólido e grande habilidade, para evitar ofensas, maledicência e traição. Quantos homens conseguem manter sua integridade ao mesmo tempo em que se adaptam a tantas formas diversas de comportamento, fala e sentimento?

55

Num mundo tão caótico, você precisa aferrar-se ao caminho que escolheu. É o seu talento inigualado de orador que o faz atrair o povo romano e mantê-lo do seu lado. Pode bem ser que seus adversários tentem usar subornos para tirar os seus partidários de você, pois isso muitas vezes pode funcionar. Mas faça-os saber que você estará de olho atento nas suas ações e que os arrastará perante as cortes. Eles terão medo da sua atenção e oratória, bem como da influência que você tem com a comunidade de negócios.

56

Você não precisa efetivamente levar seus adversários a juízo sob a acusação de corrupção: apenas faça-os saber que você está disposto a fazê-lo. O medo funciona melhor do que um processo real. E não se deixe abater por toda essa história de suborno. Tenho certeza de que, até nas eleições mais corrompidas, há muitos eleitores que apoiam os candidatos nos quais acreditam sem que nenhum dinheiro passe pelas suas mãos.

57

Portanto, se você prestar a atenção que esta campanha exige, se inspirar seus partidários, se você escolher os homens certos para trabalhar com você, se ameaçar seus adversários com acusações criminais, infundir medo nos agentes deles e coibir aqueles que distribuem o dinheiro deles, você poderá superar os subornos ou, pelo menos, minimizar seus efeitos.

58

Isso é tudo o que tenho a dizer, meu irmão. Não é que eu saiba mais sobre política e eleições do que você, mas sei o quanto você está ocupado e achei que poderia expor mais facilmente essas regras simples por escrito. É óbvio que eu nunca diria que tais preceitos se aplicam a todos que almejam um cargo público – eles se dirigem apenas a você –, mas eu ficaria agradecido se você fizesse algum acréscimo ou sugestão, se for o caso, pois quero que este pequeno manual sobre eleições seja tão completo quanto possível.

CONSEQUÊNCIAS DA ELEIÇÃO

Tendo *Marcus Tullius* embasado sua campanha nos direcionamentos apontados por *Quintus*, foi eleito cônsul, sendo a segunda cadeira ocupada por *Gaius Antonius Hybrida*.

Dois anos mais tarde, em virtude de sua dupla derrota nas eleições ao cargo de cônsul, *Lucius Sergius Catilina* irrompe numa conspiração com o intuito de dissolver a República.

Ciente da violenta trama traçada por *Catilina*, *Marcus* apresenta ao Senado suas considerações acerca do plano em curso, obtendo seu apoio à declaração de guerra que culminou na morte de *Catilina*.

Como forma de reconhecimento pela sua atuação, *Marcus* recebeu o título honorífico de *Pater patriae*, tendo seguido até o fim de seus dias – com o término da República e a emergência do Império Romano –, como o "Pai da pátria".

Este livro foi impresso pelo Lar Anália Franco (Grafilar)
em fonte Adobe Caslon Pro sobre papel Pólen Bold 70 g/m²
para a Edipro no outono de 2024.